¡Olinguito, de la A a la Z!

Unveiling the Cloud Forest

Descubriendo el bosque nublado

Olinguito, from A to Z!

Children's Book Press, *an imprint of* Lee & Low Books Inc.
New York

Para Verónica y Francesca,
exploradoras;
and to all budding scientists

Acknowledgments

I am thankful to the many scientists I interviewed and who offered
valuable research assistance.

I am especially grateful to Dr. Kristofer M. Helgen, Dr. C. Miguel Pinto, and
Dr. Roland Kays, whose discovery inspired this book and who helped with
the accuracy of its content. *Gracias* to my friends in Ecuador, Dr. Verónica
Crespo, professor at PUCE, and Iris Schriefer, nature guide, for their
willingness to search for answers every time I had a question, and to the staff
at the Bellavista Cloud Forest Reserve, who arranged a meeting with the
olinguito! Thank you to literature specialists Maria Gentle, Lucía González,
and Maria Salvadore, and educators Gloria Artecona Pelaez and Cindy
Dantzler for their guidance in the early development of the book. I am
thankful to Louise May, my editor, for her attention to detail, and to Jennifer
O'Connell, Susan Stockdale, and Janet Stoeke for the "extra eyes." *Gracias*,
Arturo, for your understanding and love during the creative process.

¡Ven! Adéntrate en un bosque nublado junto
a un zoólogo de Washington, DC, en busca
del elusivo olinguito.

Come! Join a zoologist from Washington, DC,
as he searches for the elusive olinguito in a
cloud forest.

Alto, allá arriba en los Andes

High, high up in the Andes

brilla un bosque bordado de bromelias...

blooms a brilliant forest embroidered with bromeliads . . .

casa de cangrejo, caracol, conejo, colibrí

home to crab, snail, hummingbird, cottontail,

Dd

y de un divino olinguito, de día dormidito.

and a dozing olinguito dreaming the day away.

Este bosque encantado en Ecuador

This enchanted forest in Ecuador

es fiesta de flores y frescas fuentes.

is a festival of flowers and freshwater springs.

Un grupo de gallitos de la peña grazna y guerrea.

A gaggle of cocks-of-the-rock gathers to display and dance.

Hh

Hay hojas grandes, helechos, hongos, hormigas,...

Huge leaves huddle with ferns, mushrooms, ants, . . .

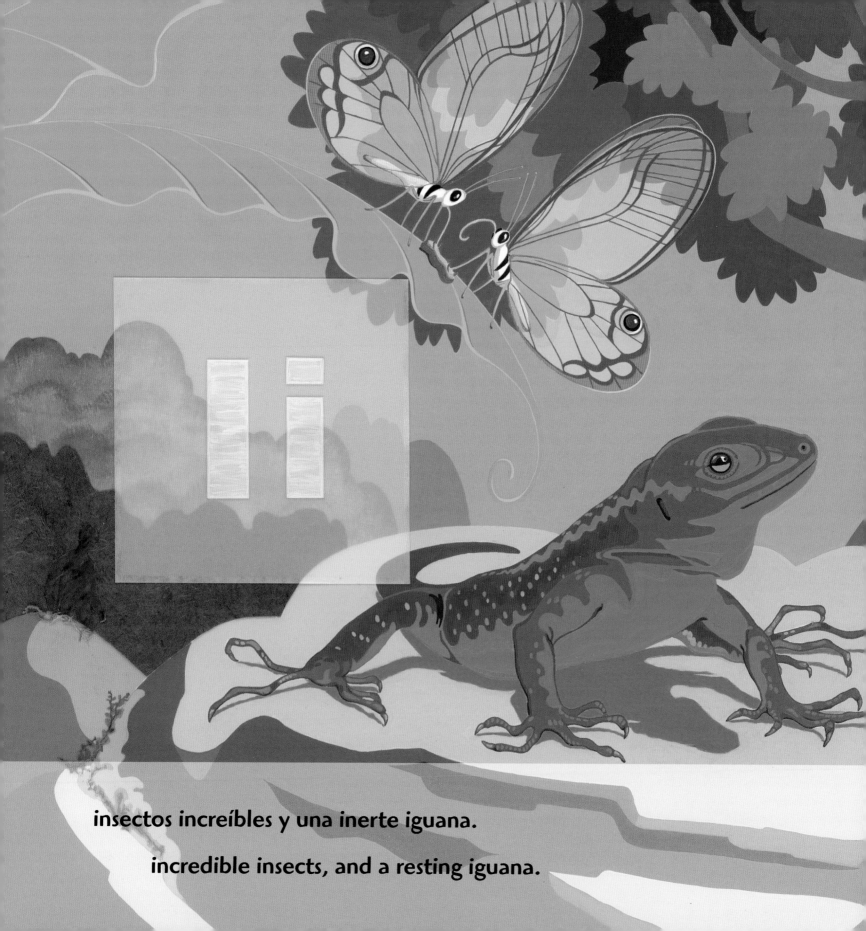

insectos increíbles y una inerte iguana.

incredible insects, and a resting iguana.

Jj

Jigua, jagüey y jazmín brotan, crecen en tal jardín.

Jigua, fig, and coffee trees sprout and grow in this garden.

Allí a la orilla del río, florece el kion de color kermes.

Down by the riverside, kermes-colored ginger bloom.

Lagartija sobre liquen, loritos en las lianas y llovizna leve, leve...

A lizard lies on lichen, tanagers line the vines, and the lightest drizzle . . .

Mm

sobre musgo mullido, mono moroso y unas mariposas.

falls on springy moss, a monkey, a butterfly, and a moth.

Nubes, niebla y neblina anidan el noble bosque nublado.

Clouds, fog, and mist nestle in the noble cloud forest.

Las ñachags tiñen de oro un sendero, los ñorbos perfuman

Asters paint a path gold, passifloras emit their sweet scent,

y oculto entre orquídeas, el olinguito observa a un oso de anteojos.

and hidden among orchids, the olinguito observes a spectacled bear.

Pica, pica, picaflor del paraíso de las palmas de cera

A hummingbird sips nectar in this paradise of wax palms

y un quetzal que resplandece, en un cedro queda quieto.

as a gleaming quetzal quietly alights on a cedar.

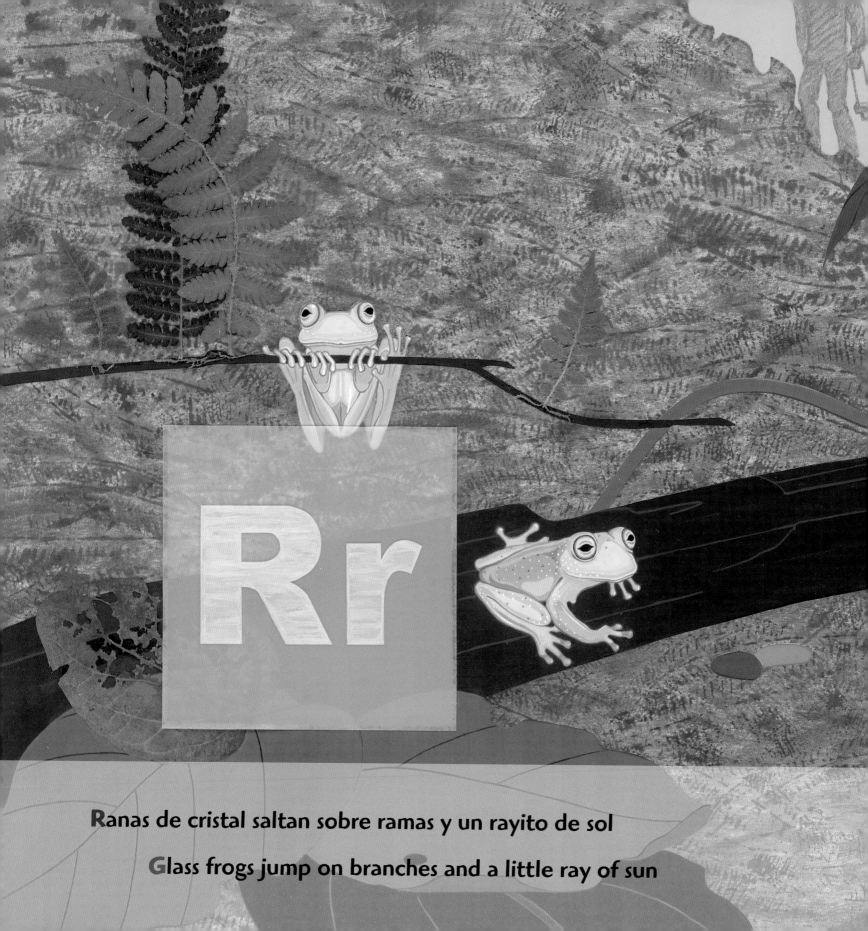

Rr

Ranas de cristal saltan sobre ramas y un rayito de sol

Glass frogs jump on branches and a little ray of sun

que cae, sobre sapo y salamandra.

settles on a toad and a salamander.

Tarde, tardecita, la tarántula tantea y un tigrillo trepado,

By evening, a tarantula tiptoes, and a tiger cat

bajo una uva de monte, sus uñas ha sacado.

bares its claws under a blueberry bush.

Vv

Una víbora silba y al darse vuelta el olinguito,

A viper hisses, and as the olinguito turns around,

el zoólogo de Washington susurra: —¡Ah!

the zoologist from Washington whispers, "Wow!"

Xx

Insectos xilófagos roen el tronco de la colmena de xilócopas

Beetles nibble bark next to the burrow of carpenter bees

y yumbo y yarumos centellean en la yunga.

while a barbet and yarumo leaves shimmer in the woods.

Un zorrillo está al acecho y azorado, el olinguito para en seco.

A skunk is on the prowl, and startled, the olinguito stops short.

El zoólogo enfoca y toma una foto. Una paloma zurea.

The zoologist zooms in and snaps a picture. A dove coos.

© Mark Gurney

DESCUBRIMIENTO DEL OLINGUITO

En el 2003, el Dr. Kristofer Helgen, zoólogo del Museo Nacional de Historia Natural del Smithsonian en Washington, DC, emprendió la enumeración y clasificación de los olingos, carnívoros de la familia de los mapaches. Al comienzo, él no imaginaba que este proyecto resultaría en la identificación de una nueva especie: el olinguito.

Con frecuencia, el descubrimiento de una nueva especie ocurre cuando un científico revisa detenidamente los ejemplares guardados en frascos y cajones en los museos de historia natural. El Dr. Helgen pasó diez años examinando y comparando 115 ejemplares identificados como olingos. Durante su investigación se topó con pieles de pelaje demasiado largo y denso para pertenecer a olingos. Además, tanto los cráneos como las dentaduras asociados a dichas pieles eran demasiado pequeños como para ser de olingos. El Dr. Helgen comenzó a sospechar que había ejemplares mal identificados. La secuenciación de ADN confirmó sus sospechas. Dichos ejemplares no eran olingos.

¿Sería posible que el Dr. Helgen hubiese dado con una nueva especie de carnívoro? De ser así, sería el primer descubrimiento de tal índole en el hemisferio occidental desde 1978. Convencido de que había dado con una nueva especie, quedaba una incógnita. ¿Sería factible encontrar el animal en su hábitat natural? Tendría que averiguar.

El biólogo C. Miguel Pinto, uno de los científicos pertenecientes al equipo de investigación del Dr. Helgen, conocía la zona ecuatoriana de donde provenían algunos ejemplares que diferían de los olingos. Así es que en el 2006 Pinto emprende un viaje exploratorio al bosque nublado en las estribaciones occidentales de los Andes, en busca de un animal vivo. Una noche Pinto ve un *tutamono*, nombre que los locales dan a todo mono nocturno, en el brumoso dosel arbóreo. El animal tenía grandes ojos redondos y una peluda cola no prensil. Pinto supo que éste era el animal que el Dr. Helgen buscaba y lo filmó. El video borroso suplió la evidencia que precisaba el Dr. Helgen. A las dos semanas, el Dr. Helgen y su expedición viajaron a la Reserva Otonga en Ecuador en busca de animales como el que Pinto había filmado.

En el rico bosque nublado de Otonga, el Dr. Helgen confirmó la existencia de esta nueva especie perteneciente a los carnívoros llamándola más tarde olinguito. "Este fue uno de los grandes momentos de mis expediciones", recalcó el Dr. Helgen. "No pudimos observar los olinguitos de Otonga por largo tiempo, pero comenzamos a confirmar aspectos importantes de su conducta: son nocturnos, arbóreos, excelentes saltarines y comen mayormente frutos". En agosto del 2013, el Dr. Helgen y sus siete colegas de investigación anunciaron el descubrimiento al mundo.

El Dr. Helgen piensa que puede que los jóvenes de hoy imaginen que el mundo ya ha sido totalmente explorado y la mayor parte de sus secretos interesantes revelados. "Si el olinguito pasó desapercibido por los zoólogos durante tanto tiempo, ¿qué más permanece escondido y a la espera de que un joven científico lo descubra?" se pregunta.

© Lulu Delacre

DISCOVERY OF THE OLINGUITO

In 2003, Dr. Kristofer Helgen, a zoologist at the Smithsonian National Museum of Natural History in Washington, DC, set out to count and classify the raccoon-like carnivores known as olingos. When he started the project, he had no idea that it would result in the identification of a new species: the olinguito.

The discovery of a new species often begins when a scientist takes a closer look at specimens that have been stowed away in jars and drawers in natural-history museums. Dr. Helgen spent ten years examining and comparing one hundred fifteen museum specimens identified as olingos. During his research he stumbled upon skins with fur that was too long and dense to belong to olingos. The teeth and skulls associated with the skins were also smaller than those of olingos. Dr. Helgen began to suspect that some of the museum specimens had been mislabeled. DNA testing confirmed his suspicions. These specimens were not olingos.

Was it possible that Dr. Helgen had found a new carnivore species? If true, it would be the first discovery of this kind in the Western Hemisphere since 1978. As Dr. Helgen became convinced that he had discovered a new species, a question remained. Could the animal still be found in the wild? He needed to find out.

Biologist C. Miguel Pinto was one of the scientists who had teamed up with Dr. Helgen during his research. Pinto knew the area in Ecuador from which some of the specimens that differed from olingos had come. Therefore, in 2006 he set out to scout the cloud forest on the western slopes of the Andes to help Dr. Helgen find a living animal. One night Pinto saw what the local people call a *tutamono*, a night monkey, roaming high up in the misty treetops of the forest canopy. The animal had large, round eyes and a straight, bushy tail. Pinto knew this was the animal for which Dr. Helgen was looking, and he shot some video. The grainy video provided the evidence Dr. Helgen needed. Two weeks later Dr. Helgen and his expedition team embarked on a journey to the Otonga Nature Reserve in Ecuador in search of animals like the one Pinto had filmed.

In the lush cloud forest of Otonga, Dr. Helgen and his team confirmed the occurrence of this new species of carnivore that they later named olinguito (little olingo). "This was one of the great moments of my life in the field," Dr. Helgen noted. "We were never able to watch olinguitos at Otonga for long periods, but we started to confirm some important aspects of their behavior: they are nocturnal, live in trees, are excellent leapers, and eat mostly fruit." In August 2013, Dr. Helgen and his seven research colleagues announced the discovery to the world.

Dr. Helgen thinks young people today may imagine that the world is fully explored and that most of its interesting secrets have been discovered. "If the olinguito went overlooked by zoologists [for] so long, what else is still hiding from view, waiting for a young scientist to discover?" he asks.

EL BOSQUE NUBLADO

Un bosque nublado es un ecosistema húmedo, fresco y rico ubicado en las zonas tropicales montañosas de la tierra. A veces llamados bosques tropicales montanos bajos o bosques mesófilos de montaña, se encuentran en Centroamérica, Sudamérica, África, el sudeste de Asia y el Caribe.

Casi siempre, las nubes envuelven el bosque. Los árboles capturan la humedad traída por el viento, que gotea por hojas y ramas, proveyendo una fuente continua de agua. El alto nivel de humedad estimula el crecimiento de epífitas, plantas y organismos que viven sobre otras plantas y toman agua del aire. Bromelias, orquídeas, helechos, líquenes y musgos recubren troncos y ramas. Una rica capa de turba o vegetación parcialmente descompuesta acojina el terreno.

THE CLOUD FOREST

A cloud forest is a moist, cool, lush ecosystem found on mountains in tropical areas throughout the world. Sometimes also called tropical montane forests or montane rain forests, they grow in Central America, South America, Africa, Southeast Asia, and the Caribbean.

Clouds almost always cover the forest. Trees in the forest capture the wind-driven moisture, which drips down the tree leaves and limbs, providing a continuous source of water to the forest. The high moisture level promotes the growth of epiphytes, plants and organisms that grow on other plants and get water from the air. Bromeliads, orchids, ferns, lichens, and mosses cling to the tree trunks and branches. A rich layer of peat, partly decayed vegetation, cushions the soil.

Cloud forests are unique because they provide a home to hundreds of plants and animals that are endemic. A species

Los bosques nublados son únicos al proveer hogar a cientos de plantas y animales endémicos. Endémica es aquella especie que sólo se encuentra en una región en específico. El olinguito es un ejemplo de un animal endémico. Los científicos creen que sólo habita en las estribaciones de los Andes Occidentales de Ecuador y Colombia a altitudes de 4.921 a 9.022 pies (1.500 a 2.750 metros) sobre el nivel del mar. Las plantas y animales representados en este libro se encuentran en el hábitat ecuatoriano del olinguito.

Hasta el 2015, únicamente se han registrado olinguitos en los bosques nublados de Ecuador y Colombia. Puede que futuras expediciones revelen olinguitos en hábitats similares de Sudamérica.

As of 2015, olinguitos have been found only in cloud forests in Ecuador and Colombia. Future explorations might reveal olinguitos in similar habitats elsewhere in South America.

is called endemic if it is found only in a certain place or region. The olinguito is an example of an endemic animal. Scientists believe it lives only on the eastern and western slopes of the western Andes of Ecuador and Colombia at altitudes of 4,921 to 9,022 feet (1,500 to 2,750 meters) above sea level. The plants and animals depicted in this book thrive in the olinguito's Ecuadorian habitat.

LAS ILUSTRACIONES

Mi meta artística para las ilustraciones fue crear imágenes correctas y detalladas de las extraordinarias especies que se encuentran en el bosque nublado. Sin embargo, la tupida vegetación, más la neblina constante, presentaban un reto. Resolví eliminar las nubes y limitar la vegetación. Mi representación de la niebla y la neblina está en los cuadrados de papel translúcido que enmarcan las letras. Esto permitió que las especies estuviesen a simple vista. Inspirada por la ilustración científica, creé pinturas gráficas. Elementos de *collage* recrearon las capas naturales que definen el bosque.

Consulté a muchos expertos para elegir las especies que animarían el texto. Las especies escogidas debían habitar el bosque nublado ecuatoriano y coexistir en la zona de los Andes Occidentales que habita el olinguito. Para investigar el bosque me pasé cuatro días en el hogar ecuatoriano del olinguito. ¡Allí, vi un olinguito! También recogí especímenes de plantas que usé para crear patrones impresos y *collages*. En la pintura creada para las letras Ññ y Oo adherí verdaderas ñachags a una rama.

Regresé de mi viaje asombrada de la interconexión entre los organismos del bosque nublado. Hoy en día tengo un gran respeto por lo que representan estos ricos lugares para los humanos y el planeta. —*L.D.*

THE ILLUSTRATIONS

My artistic goal with the illustrations was to create detailed and accurate depictions of the amazing species found in the cloud forest. Yet the forest's thick vegetation and cover of mist and fog presented a challenge. I decided to remove the clouds and limit the vegetation. I represented the fog and mist with squares of translucent paper framing the alphabet letters. This allowed the species to be in plain sight. Inspired by scientific illustration, I created graphic paintings. Collage elements recreated the natural layers that define the forest.

I consulted many experts when selecting the species that animate the text. The chosen species needed to live in the cloud forest of Ecuador and coexist in the olinguito's range in the western Andes. To research the forest, I spent four days in Ecuador's olinguito country. There I saw an olinguito! I also gathered plant specimens that I used to create printed patterns and collages. In the painting for letters *Ññ* and *Oo*, I affixed true *ñachags* to a branch.

I came back from my trip amazed at the interconnectedness among all life-forms in the cloud forest. Today I have deep respect for what these rich places mean to humans and the earth. —*L.D.*

¡SÉ UN EXPLORADOR!

Durante mis caminatas en el bosque nublado busqué muchas plantas y animales especiales, y conté como 100 pájaros.

Tú también puedes ser explorador en las páginas de este libro. ¿Puedes...

- encontrar las hojas y flores secas en cada ilustración?
- contar cinco clases de pájaros distintos?
- buscar al zoólogo en cada imagen?

Para continuar el juego y buscar más actividades, visita luludelacre.com o leeandlow.com.

BE AN EXPLORER!

During my hikes through the cloud forest I searched for many special plants and animals, and I counted about one hundred birds.

You can also be an explorer within the pages of this book. Can you . . .

- find the real pressed leaves and flowers in each picture?
- count nine different kinds of birds?
- spot the zoologist in every picture?

To continue the game and find more activities, go to luludelacre.com or leeandlow.com.

© Lulu Delacre

GLOSARIO 🌼 GLOSSARY

El nombre científico (en letras itálicas) te servirá para buscar mayor información sobre las plantas y animales del bosque nublado. La pronunciación provista es para los angloparlantes.

The scientific names (in italic type) are included to help you when looking for more information about the plants and animals of the cloud forest. The pronunciations of Spanish words are for English speakers.

bromelia (broh-MEH-lyah) epífita, oriunda de las Américas tropicales, de largas hojas rígidas y flores llamativas

> **bromeliad (broh-MEE-lee-ad)** epiphyte, native to the tropical Americas, that has long, stiff leaves and showy flowers

Moritschus ecuadorensis

cangrejo (cahn-GREH-hoh) cangrejito de agua dulce que habita riachuelos de montaña

> **crab (krab)** tiny freshwater crab found in mountain streams

Plekocheilus taylorianus

caracol (cah-rah-COHL) Caracol terrestre: molusco terrestre que respira aire

> **snail (snayl)** Land Snail: land mollusk that breathes air

Coeligena torquata

colibrí (coh-lee-BREE) Inca collarejo: colibrí grande que vuela muy rápido y revolotea debajo de flores colgantes para alimentarse

> **hummingbird (HUHM-ing-burd)** Collared Inca: large hummingbird that flies extremely quickly and hovers under low-hanging flowers to feed

Sylvilagus brasiliensis

conejo (coh-NEH-hoh) Conejo silvestre: mamífero al que le gusta anidar en madrigueras ajenas abandonadas

> **rabbit (RAH-bit)** Forest Rabbit: mammal that likes to nest in another animal's abandoned burrow

Bomarea pardina

flor (flohr) Campanita: enredadera florífera de racimos de flores acampanadas frecuentadas por el Inca collarejo

> **flower (FLOU-er)** Bomarea: flowering vine with clusters of bell-shaped flowers frequented by the Collared Inca hummingbird

Rupicola peruvianus

gallito de la peña (gah-YEE-toh deh lah PEH-nyah) Gallito de la peña andino: especie de ave cuyos machos se agrupan a pavonearse durante horas mientras las hembras se ocupan del nido

> **cock-of-the-rock (kok uhv thuh rok)** Andean Cock-of-the-Rock: bird species in which males gather in groups and spend hours showing off while females tend the nest

helecho (eh-LEH-cho) planta no florífera que se reproduce por esporas, células diminutas a veces adheridas al reverso de las hojas, que se desarrollan en nuevas plantas

> **fern (furn)** nonflowering plant that reproduces by spores, tiny cells sometimes attached to the underside of leaves, that develop into new plants

Gunnera brephogea

hoja (OH-hah) Paragüilla: planta de hojas grandes que crecen hasta 3 pies (91 centímetros) de ancho y protegen de la lluvia

> **leaf (leef)** Little Umbrella: plant with large leaves that can grow up to 3 feet (91 centimeters) across and provide shelter from the rain

Coprinellus disseminatus

hongo (OHN-goh) Sombrilla: honguito que se esparce en masas densas sobre tuecos y madera podrida

> **mushroom (MUHSH-room)** Fairies Bonnets: little mushroom that spreads out in dense masses over tree stumps and rotted wood

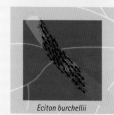

Eciton burchellii

hormiga (ohr-MEE-gah) Hormiga guerrera: hormiga predadora que invade en multitudes de hasta 200.000 individuos; ocasionalmente suben al dosel de los árboles en busca de presa

> **ant (ant)** Burchell's Army Ant: predator ant that raids in swarms containing up to 200,000 individuals; they occasionally climb up the forest canopy in search of prey

Stenocercus varius

iguana (ee-GWAH-nah) Guagsa de neblina: reptil territorial que sale a buscar comida tanto en árboles como en el suelo

> **iguana (ih-GWAH-nuh)** Mist Whorltail Iguana: territorial lizard (reptile) that forages for food on trees and on the ground

insecto (een-SEC-toh) Mariposa diurna: mariposa con alas de escasas escamas ubicadas en las puntas; la ausencia de escamas hace que las alas se vean transparentes

insect (IN-sekt) Pink-tipped Satyr: butterfly with only a few scales at the tips of its wings; the absence of scales makes the wings look transparent

Cithaerias pireta

jagüey (hah-GWAY) Higuerón o matapalos: árbol de higos con frutos huecos forrados de centenares de florecitas que son polinizadas por una avispa en específico

fig tree (fig tree) Wild Banyantree: fig tree with hollow fruits lined with hundreds of small florets that are pollinated only by a specific species of wasp

Ficus citrifolia

jazmín (hass-MEEN) árbol pequeño cuyas flores marfil despiden un dulce perfume durante el día

coffee tree (KOF-ee tree) small tree with ivory-colored flowers that release a sweet scent as they open during daytime

Faramea glandulosa

jigua (HEE-guah) árbol perennifolio conocido por su buena madera; palomas, loros y quetzales se alimentan de sus frutos

jigua (HEE-guah) evergreen tree known for its fine timber; pigeons, parrots, and quetzals eat its fruit

Ocotea rugosa

kion (kee-OHN) Antorcha: planta herbácea alta de flores persistentes y raíces comestibles

ginger (JIN-jer) Torch Ginger: tall herb plant with large, long-lasting flowers and edible roots

Etlingera elatior

lagartija (lah-gahr-TEE-hah) Anolis pinocho: pequeño reptil lento que por cincuenta años se creyó extinto; el cuerno alargado y flexible del macho inspira el nombre de la lagartija

lizard (LIZ-erd) Pinocchio Lizard: slow-moving, small reptile that was thought to be extinct for almost fifty years; the male's flexible, elongated horn gives the lizard its name

Anolis proboscis

liana (lee-AH-nah) bejuco de tallos largos que puede trepar hasta el dosel de los árboles

vine (vine) woody plant with very long stems that may climb as high as the tree canopy

liquen (LEE-ken) organismo complejo compuesto de un hongo y un alga que crecen juntos sobre una superficie sólida como la de un árbol o una roca

lichen (LYE-ken) complex plantlike organism made up of a fungus and an alga that grow together on a solid surface, such as a tree or a rock

lorito (loh-REE-toh) Tangara lorito: pájaro de color llamativo que hace su nido de musgos y palitos en el suelo; vuela en grupos de dos a seis

tanager (TAN-uh-jer) Grass-green Tanager: distinctively colored bird that makes its nest on the ground out of mosses and twigs; flies in groups of two to six

Chlorornis riefferii

mariposa (mah-ree-POH-sah) Mariposa diurna: insecto con alas de 5 pulgadas (12,7 centímetros) y cuatro patas que visita arena mojada y barro para beber minerales de la humedad

butterfly (BUHT-er-flye) Corinna Daggerwing: insect with a 5-inch (12.7-centimeter) wingspan and four legs that visits wet sand and mud to drink up minerals from the moisture

Marpesia corinna

mariposa (mah-ree-POH-sah) Mariposa nocturna: insecto que asusta a los animales que la amenazan al exponer los ocelos de sus alas traseras

moth (mawth) Bullseye Moth: insect that startles threatening animals by flashing the eyespots on its hind wings

Automeris liberia

mono (MOH-noh) Mono cariblanco: mamífero muy activo en la mañana cuando brinca de un árbol al otro en busca de frutos, insectos y aves pequeñas

monkey (MUHNG-kee) White-faced Capuchin: mammal that is most active in the morning when it leaps from tree to tree foraging for fruits, insects, frogs, and small birds

Cebus capucinus

musgo (MOOSE-goh) planta sin flores y de hojitas pequeñas que crecen en espiral alrededor del tallo sobre rocas, cortezas o suelo húmedo; crece lozano en la humedad del bosque nublado

moss (maws) plant with no flowers and very small leaves that grow in a spiral around the stem on rocks, bark, or damp soil; grows thick and lush in the humidity of the cloud forest

ñachag (nyah-CHAHG) planta oriunda del Ecuador que se usa en remedios caseros y para fabricar un tinte amarillo a partir de sus pequeñas flores brillantes

aster (AS-ter) native Ecuadorian plant used in home remedies and to make a yellow dye from its small, bright flowers

Bidens andicola

ñorbo (NYOR-boh) enredadera de perfumadas flores púrpuras que atraen muchas mariposas

passiflora (PASS-ee-FLOHR-uh) climbing vine with very fragrant purple flowers that attract many butterflies

Passiflora punctata

olinguito (oh-lin-GHEE-toh) mamífero que pesa como 2 libras (907 gramos) y mide como 12 pulgadas de largo (30 centímetros); las mamás crian un solo bebé a la vez

olinguito (oh-lin-GHEE-toh) mammal weighing about 2 pounds (907 grams) and measuring about 12 inches (30 centimeters) long; mothers raise a single baby at a time

Bassaricyon neblina

orquídea (or-KEE-dyah) planta que usualmente tiene flores llamativas, crece como epífita y tiene hojas carnosas o un bulbo en la base de las mismas que la ayudan a conservar agua

orchid (OR-kid) plant that usually has showy flowers, grows as an epiphyte, and has fleshy leaves or a bulb at the base of the leaves to help conserve water

oso de anteojos (OH-soh deh ahn-TYOH-hohs) único oso de Sudamérica; excelente trepador nombrado por las marcas alrededor de los ojos que difieren de un individuo a otro

spectacled bear (SPEK-tuh-kuhld bair) only bear found in South America; excellent climber named for the markings around its eyes, which are different in each individual

Tremarctos ornatus

palma de cera (PAHL-mah deh SEH-rah) planta cuya corteza está cubierta de cera; la cera se ha usado para hacer velas y la corteza, en la construcción

wax palm (waks pahm) plant with wax-covered bark; the wax has been used for candles and the bark for construction

Ceroxylon alpinum

paloma (pah-LOH-mah) Paloma collareja: pájaro oriundo de las Américas que vuela en bandadas de hasta cincuenta individuos y se encuentra a gran altura

dove (duhv) Band-tailed Pigeon: bird native to the Americas that flies in groups of up to fifty individuals and can be found at high altitudes

Patagioenas fasciata

picaflor (pee-cah-FLOR) Silfo colivioleta: colibrí cuyas alas tienen una estructura única permitiéndole aletearlas en un patrón de numeral ocho

hummingbird (HUHM-ing-burd) Violet-tailed Sylph: hummingbird with a unique wing structure that allows for a figure eight wing-beat pattern

Aglaiocercus coelestis

quetzal (ket-SAHL) Quetzal crestado: pájaro solitario que se posa en el dosel de los árboles frutales y recoge frutos volando en picado; los machos son de un verde metálico con pecho carmesí

quetzal (ket-SAHL) Crested Quetzal: solitary bird that perches in the forest canopy of fruiting trees where it plucks fruits in fluttering swoops; males are metallic green with a deep scarlet belly

Pharomachrus antisianus

rana de cristal (RAH-nah deh chrees-TAHL) Rana de cristal de Lynch: anfibio amante de la humedad de ojos bronce metálico salpicados de puntos negros; se lo escucha con frecuencia pero rara vez se lo ve

glass frog (glas frog) Lynch's Glassfrog: moisture-loving amphibian that has metallic-bronze eyes with tiny black specks; often heard but hard to see

Centrolene lynchi

salamandra (sah-lah-MAHN-drah) Salamandra de dos líneas: anfibio con hocico corto, cola, piel babosa y lisa, que regenera sus extremidades al herirse

salamander (SAL-uh-man-der) Two-lined Mushroom-tongued Salamander: amphibian that has a short snout, a tail, smooth slimy skin, and can regrow its limbs if wounded

Bolitoglossa biseriata

sapo (SAH-poh) Sapo de puntos azules: anfibio nocturno y raro; el patrón elaborado de su piel rugosa puede disuadir a los predadores

toad (tohd) Blue-spotted Toad: rare amphibian that is active at night; intricate pattern on its rough skin may deter predators

Rhaebo caeruleostictus

tarántula (tah-RAHN-too-lah) una de las arañas más grandes del mundo; peluda pero inofensiva para los humanos, puede regenerar una extremidad perdida al mudar su exoesqueleto

tarantula (tuh-RAN-chuh-luh) one of the largest spiders in the world; hairy but harmless to humans, it can regrow a missing limb when it sheds its outer covering

Pamphobeteus augusti

tigrillo (tee-GREE-yoh) Tigrillo chico: felino salvaje, delgado y moteado, de pelaje grueso y suave; veloz y ágil, caza pequeños mamíferos, grillos y a veces ranitas

tiger cat (TYE-ger kat) Oncilla: small, slender, spotted wildcat with thick, soft fur; a quick, nimble climber, it hunts small mammals, crickets, and sometimes tree frogs

Leopardus tigrinus

uva de monte (OOH-vah deh MOHN-teh) arbusto ralo de frutos comestibles similares al arándano; puede crecer como epífita

blueberry bush (BLOO-ber-ee bush) thin bush with sweet, edible berries related to the blueberry; can also grow as an epiphyte

Sphyrospermum cardifolium

Bothrocophias campbelli

víbora (VEE-boh-rah) Curruncha: reptil raro y venenoso que emerge durante el crepúsculo de entre la hojarasca; menea la cola, silba y ataca a la presa velozmente

    viper (VYE-per) Ecuadorian Toadhead: rare, venomous snake (reptile) that emerges from hiding under leaves at twilight; it wiggles its tail, hisses, and strikes prey quickly

Xylocopa frontalis

xilócopa (see-LOH-coh-pah) Abeja carpintera: insecto solitario que anida en la madera; crea túneles haciendo vibrar su cuerpo y mascando corteza con sus poderosas mandíbulas

    bee (bee) Carpenter Bee: solitary insect that makes its nest in wood; it tunnels in by vibrating its body and chewing the bark with its powerful mandibles, or jaws

Aegognathus leuthneri

(insecto) xilófago (see-LOH-fah-goh) insecto que se alimenta de madera; escarabajo perteneciente a una gran familia de xilófagos; solo las larvas mascan madera

    beetle (BEE-tuhl) insect that feeds on wood; large family of wood-boring beetles in which only the larva nibble wood

Cecropia telenitida Cuatrec.

yarumo (yah-ROO-moh) Guarumo: árbol oriundo del Ecuador de grandes hojas lobuladas verde oscuro cubiertas de un pelo fino que refleja luz, de manera que las hojas lucen plateadas a distancia

    yarumo (yah-ROO-moh) tree native to Ecuador that has large, lobed, dark-green leaves covered with fine hairs that reflect light, making the leaves shine silver when seen from the distance

Semnornis ramphastinus

yumbo (YOOM-boh) pájaro frugívoro de plumaje multicolor; encontrado solamente en el occidente de Colombia y Ecuador

    barbet (BAHR-bit) Toucan Barbet: fruit-eating bird with a multicolored coat of feathers; found only in western Colombia and western Ecuador

Conepatus semistriatus

zorrillo (soh-REE-yoh) Zorrillo rayado: mamífero que utiliza sus poderosas garras para capturar pequeños mamíferos como alimento; lanza un olor fétido al sentirse amenazado

    skunk (skuhngk) Striped Hog-nosed Skunk: mammal that uses its strong, sharp claws to capture smaller mammals to eat; releases an offensive scent when threatened

MÁS PALABRAS ÚTILES  MORE HELPFUL WORDS

anfibio (ahn-FEE-byoh) vertebrado de sangre fría que vive en el agua de joven y fuera de ella de adulto

    amphibian (am-FIB-ee-uhn) cold-blooded animal with a backbone that lives in water when young and on land when an adult

Andes (AHN-dehs) cordillera en el occidente de Sudamérica que se extiende desde el norte de Venezuela y Colombia hasta el Cabo de Hornos al sur de Chile

    Andes (AN-deez) mountain range along western South America that extends from Venezuela and Colombia in the north to Cape Horn at the tip of Chile in the south

bosque nublado (BOHS-keh noo-BLAH-doh) bosque húmedo, fresco y rico ubicado en las zonas tropicales montañosas donde la vegetación está frecuentemente en contacto con nubes bajas y niebla

    cloud forest (kloud FOR-ist or FAR-ist) moist, cool, lush evergreen mountain forest found in tropical areas where low-level clouds and mist are frequently in contact with the vegetation

carnívoro (cahr-NEE-voh-roh) animal que come o puede comer carne

    carnivore (KAHR-nuh-vor) animal that eats or is able to eat meat

Ecuador (eh-kwah-DOR) país en el noroeste de Sudamérica que es el hogar de por lo menos 300 especies de mamíferos y 4100 especies de orquídeas

    Ecuador (EK-wuh-dor) country in northwestern South America that is home to at least 300 species of mammals and 4100 species of orchids

epífita (eh-PEE-fee-tah) planta que vive sobre otra planta absorbiendo agua y nutrientes del aire y la lluvia

    epiphyte (EP-uh-fahyt) plant that gets moisture and nutrients from the air and rain and that usually grows on another plant

graznar (GRASS-nahr) dar graznidos, canto desigual y disonante de algunas aves

    honk (hongk) to make a loud sound or call loudly, especially birds

insecto (een-SEC-toh) animalito invertebrado con tres pares de patas, uno o dos pares de alas y cuerpo dividido en tres secciones

    insect (IN-sekt) small animal with three pairs of legs, one or two pairs of wings, three main body parts, and no backbone

kermes (KEHR-mehs) quermes; color rojizo; tinte que produce tal color

    kermes (KUR-meez) deep-red color; dye that produces this color

mamífero (mah-MEE-feh-roh) vertebrado de sangre caliente y cubierto de pelo; las hembras producen leche para alimentar a sus crías

    mammal (MAH-muhl) warm-blooded animal with a backbone and a body covered with hair; females produce milk to feed their young

molusco (moh-LOOSE-coh) animal de cuerpo suave usualmente protegido por un caparazón

    mollusk (MOL-uhsk) animal with a soft body usually protected by a hard shell

reptil (rehp-TEEL) animal de sangre fría, ovíparo y de cuerpo cubierto de escamas o caparazón

    reptile (REP-tile or REP-tuhl) animal that has cold blood, lays eggs, and has a body covered with scales or hard parts

yunga (YOON-gah) bosque nublado; llamado así en Perú, Bolivia y Argentina

    yunga (YOON-gah) cloud forest; common name used in Peru, Bolivia, and Argentina

zoólogo (soh-OH-loh-goh) científico que estudia los animales y su conducta

    zoologist (zoh-OL-uh-jist) scientist who studies animals and animal behavior

zurear (soo-REI-ahr) dicho de una paloma; hacer arrullos

    coo (koo) to make the soft sound of a dove

FUENTES DE LA AUTORA   AUTHOR'S SOURCES

Libros, artículos, páginas web/Books, Articles, Websites

Alcedo, Antonio de. *Diccionario geográfico-histórico de las Indias Occidentales ó América*, vol. 5. Madrid, Spain: Manuel Gonzalez, 1789. http://books.google.com/books?id=9PL-cAeh_UAC&tpg=RA1-PA130&lpg=RA1-PA130&dq=ñorbo+passiflora&source=bl&ots=pda1s7RQUs&sig=4HWgY4edLc_OugaJd9VpNglE2p4&hl=en&sa=X&ei=-X7WU4rYGsecyASD-4C4CA&ved=0CEAQ6AEwCA#v=onepage&q=ñorbo%20passiflora&f=false.

Arias-Suárez, Juan Carlos, John Albeiro Ocampo-Pérez, and Ramiro Urrea-Gómez. "La polinización natural en el maracuyá (*Passiflora edulis f. flavicarpa* Degener) como un servicio reproductivo y ecosistémico." *Agronomía Mesoamericana* 25, no. 1 (2014): 73–83. http://revistas.ucr.ac.cr/index.php/agromeso/article/viewFile/14200/13499.

Arteaga, Alejandro, Lucas M. Bustamante, and Juan M. Guayasamin. *The Amphibians and Reptiles of Mindo: Life in the Cloudforest.* Quito, Ecuador: Universidad Tecnológica Indoamérica, 2013.

Biodiversidad y conservación de la naturaleza. Fundación ProYungas. http://www.proyungas.org.ar/yungas/yungas.htm.

Biodiversity Research Centre, The. University of British Columbia. http://www.biodiversity.ubc.ca.

Bruijnzeel, L. A., and L. S. Hamilton. "Decision Time for Cloud Forests." UNESCO IHP Humid Tropics Programme Series no. 13. (2000). http://www.hydrology.nl/images/docs/ihp/2000_Decision_time_for_cloud_forests.pdf.

——, F. N. Scatena, and L. S. Hamilton, eds. *Tropical Montane Cloud Forests: Science for Conservation and Management.* New York: Cambridge University Press, 2011.

Butterflies of Ecuador. http://www.butterfliesofecuador.com.

Cisneros-Heredia, Diego F. "Notes on Geographic Distribution: Amphibia, Caudata, Plethodontidae: *Bolitoglossa equatoriana* and *Bolitoglossa biseriata:* range extensions, new provincial records from Ecuador, and natural history." *Check List 2006* 2, no. 3 (2006). http://www.checklist.org.br/getpdf?NGD042-06.

Discover Life. http://www.discoverlife.org.

EOL: Encyclopedia of Life. http://eol.org/info/discover.

Fauna Web Ecuador. Museo de Zoología QCAZ. http://zoologia.puce.edu.ec/Vertebrados/.

"Ficus maxima." Bocas del Toro: Species Database. Smithsonian Tropical Research Institute. http://biogeodb.stri.si.edu/bocas_database/search/species/3207.

Field Museum, The. http://www.fieldmuseum.org.

Helgen, Kristofer M., et al. "Taxonomic revision of the olingos (*Bassaricyon*), with description of a new species, the Olinguito." *ZooKeys*, August 15, 2013. http://zookeys.pensoft.net/articles.php?id=3550.

Hoskins, Adrian. Learn About Butterflies: The Complete Guide to the World of Butterflies and Moths. http://www.learnaboutbutterflies.com.

iNaturalist.org. http://www.inaturalist.org.

Jarrín, Pablo. *Mamíferos en la niebla otonga, un bosque nublado del Ecuador.* Quito, Ecuador: Museo de Zoología, Pontificia Universidad Católica del Ecuador, 2001.

"Leporidae (Conejos)." Mamíferos del Ecuador. http://www.mamiferosdelecuador.com/diversidad/lagomorpha/leporidae.html#.

New York Botanical Garden, The. http://www.nybg.org.

Nixon, Kevin C., and Lucia Vazquez, curators. Encino. http://www.encinos.org.

Olinguito Distribution Map. Newsdesk: Newsroom of the Smithsonian. http://newsdesk.si.edu/photos/olinguito-distribution-map.

Onore, Giovanni, ed. *Plantas útiles de Otonga y los bosques nublados noroccidentales del Ecuador.* Quito, Ecuador: Fundación Otonga, 2008.

Policha, Tobías. *Plants of Mindo: A Guide to the Cloud Forest of the Andean Chocó.* Eugene, OR: American Herbal Dispensary Press, 2012.

"Scientists Discover A New Mammal–The Olinguito." YouTube video, 4:52. Posted by Untamed Science, August 15, 2013. https://www.youtube.com/watch?v=xZzay8mmkGw&feature=youtu.be.

"Smithsonian Scientists Discover New Carnivore: The Olinguito." Smithsonian Science, August 15, 2013. http://smithsonianscience.org/2013/08/olinguito/.

"Spectacled bear (*Tremarctos ornatus*)." Wildscreen Arkive. http://www.arkive.org/spectacled-bear/tremarctos-ornatus/video-08a.html.

Tropicos. Missouri Botanical Garden. http://www.tropicos.org.

Entrevistas/Interviews

Breure, Dr. Bram. Expert in Orthalicoidea mollusks. Research Associate, Naturalis Biodiversity Center, Netherlands. E-mail correspondence, July 2014.

Coddington, Dr. Jonathan A. Curator of Arachnids and Myriapods, Smithsonian National Museum of Natural History. E-mail correspondence, November 2014.

Correoso, Dr. Modesto A. Expert in terrestrial and fluvial mollusks of Ecuador. E-mail correspondence, September 2014.

Crespo-Perez, Dr. Verónica. Department of Entomology, Pontifical Catholic University of Ecuador. Personal interview, Quito, Ecuador, August 30, 2014.

Duperre, Nadine. Arachnologist. E-mail correspondence, July and October 2014.

Florez, Eduardo. Assistant Professor of Natural Sciences, National University of Colombia. E-mail correspondence, November 2014.

Helgen, Dr. Kristofer M. Curator of Mammals, Smithsonian National Museum of Natural History. E-mail correspondence, May, October, November, and December 2014, and January 2015.

Kays, Dr. Roland. Director of Biodiversity Lab, North Carolina Museum of Natural Sciences. E-mail correspondence, January 2015.

Madison, Dr. Wayne. Professor and Canada Research Chair, Departments of Zoology and Botany, University of British Columbia. E-mail correspondence, November 2014.

Onore, SM, Dr. Giovanni. Director of the Otonga Foundation and retired Director of QCAZ (Quito Catholic Zoology Museum). E-mail correspondence, July 2014.

Paz, Angel. Owner of Refugio Paz de las Aves. Personal interview, Refugio Paz de las Aves, Ecuador, July 27, 2014.

Pinto, Dr. C. Miguel. Personal interview, New York, NY, July 11, 2014. E-mail correspondence, February, May, June, July, August, and November 2014, and January 2015.

Schriefer, Iris. Nature Guide, Ecuador. Personal interviews, July 28 and 29, 2014.

Vacas Cruz, Omar. Associate Researcher, Botanical Department, Pontifical Catholic University of Ecuador. E-mail correspondence, April 2015.

West, Rick C. Arachnologist. E-mail correspondence, November 2014.

Text and illustrations copyright © 2016 by Lulu Delacre

All rights reserved. No part of this book may be reproduced, transmitted, or stored in an information retrieval system in any form or by any means, electronic, mechanical, photocopying, recording, or otherwise, without written permission from the publisher. Children's Book Press, an imprint of LEE & LOW BOOKS INC., 95 Madison Avenue, New York, NY 10016
leeandlow.com

Book design by David and Susan Neuhaus/NeuStudio
Book production by The Kids at Our House
The text is set in Highlander Medium and Rotis Sans Serif
The illustrations are rendered in mixed media

Manufactured in China by Jade Productions, January 2018
Printed on paper from responsible sources
10 9 8 7 6 5 4 3
First Edition

Library of Congress Cataloging-in-Publication Data

Delacre, Lulu, author.
¡Olinguito, de la A a la Z! : descubriendo el bosque nublado = Olinguito, from A to Z! : unveiling the cloud forest / by Lulu Delacre. — First edition.
    pages cm
Text in Spanish and English.
Summary: "Uses the framework of the alphabet to present information about plants and animals of the cloud forest on the western slopes of the Ecuadorian Andes and the 2013 discovery of the olinguito. Includes additional information about the cloud forest and the discovery of the olinguito, a map, a glossary, an author's note, and author's sources" —Provided by publisher.
Audience: Ages 5–11.   Audience: K to grade 3.   Includes bibliographical references.
ISBN 978-0-89239-327-5 (hardcover : alk. paper)
1. Procyonidae—Juvenile literature. 2. Cloud forest animals—South America—Juvenile literature. 3. Cloud forests—Juvenile literature. 4. Alphabet books—Juvenile literature. I. Delacre, Lulu. ¡Olinguito, de la A a la Z! II. Delacre, Lulu. ¡Olinguito, de la A a la Z! English. III. Title. IV. Title: Olinguito, from A to Z!
QL737.C26D452015   599.76'3—dc23   2015008991